내가 나였으면 좋겠다

너·도·너·였·으·면·좋·겠·다

이국환 시집

시와사람

국립중앙도서관 출판시도서목록(CIP)

내가 나였으면 좋겠다 : 너도 너였으면 좋겠다 : 이국환 시집
/ 지은이: 이국환. -- 광주 : 시와사람, 2015
p. ; cm

ISBN 978-89-5665-423-2 03810 : ₩10000

한국 현대시[韓國現代詩]

811.7-KDC6
895.715-DDC23 CIP2015013029

내가 나였으면 좋겠다

너·도·너·였·으·면·좋·겠·다

■ 序詩

누군가는 얘기해야지
연기처럼 사라질 인생이니까

내가 나를 태우고
네가 우리들 달래면서
감정의 불씨 뜨거운 세월
지켜왔으니
사랑의 세레나데,
우정의 메아리도 사라지지 않았지

누군가는 노래도 불러야지
피고 지는 인생의 표지 앞에서..

-저자의 시노래「연기의 연가」중에서

내가 나였으면 좋겠다/차례

■序詩

1 동행에서 통행으로

2 실크로드보다 실한 실크로드사람들

3 배반한 명절

4 나는 보름달의 머리카락을 깎지 않았습니다

1

통행에서 동행으로

섬진강

달빛이 열려있는 길이다
별빛도 달려가는 길이다
여기는 빛의 삼각지

뱃길 따라 갈라졌다가
인심 따라 얼싸안던
동과 서의 거리도 남과 북의 아득함도
너울너울 흘러갔으니
이제 그만 안개 숲을 걷고 먹구름도 열고
애증의 메아리도 감싸주려마

오호 강이라는 긴 시간의 줄기와
섬겨야했던 여울목의 이름들과
횃불처럼 일렁이는 그리움
그것은 사랑

누군가 그 누군가 지켜왔던 그 자리
은빛주름 눈에 넣고 우듬지 높은 미루나무
일어서서 휘날리는 봄날의 향기

그리고 멀어지는 물새의 노래
길게 웃는 하동포구

새날에 대하여

지상의 공법치고는 허망한 방식

선명한 視界일수록
그리움은 그리움을 길러놓고
외로움과 서러움의 품속에서
허황했던 청맹의 날들
자칫 비굴할 뻔 했던 방식으로부터
자유롭지 못한 습성의 뒤까지
식지 않는 찻잔

간절하게
맑고 투명한 창이라 외치자
차가운 눈발 속의 겨울이라 해도
액자는 액자의 넓이만큼 걸려 있고
풍경은 풍경의 깊이 속에서
내 생의 아직 저물지 않는 축제는
아직 발효 중

오래 미행한 궁금증을 위하여
힘없는 축배가 아니기를

네가 나를 호명하는 날
나는 나를 증명하지 않으리라

인간의 저녁

밥 타는 냄새가 사라지자
밥 탄다고 외치던 인정마저 도배해버린
토끼집 같은 칸칸마다
비장한 숫자와의 층층에서
외로움은 권력으로
그리움은 근력으로 눌어붙은 마을

깨알 같은 아이디를 경계로
영장 없이도 끌려가는 세월이라
어쩌면
일백세라는 신상꾸러미도
하늘나라 표준시계의 한 시간 일지도 몰라

무성한 문화폭탄의 위세와
뒤바뀌고 뒤섞이는 주기에 밀려서
빈정거리는 폭언과
폭우와 폭설에게 갇혀봤다면
누구든지 함부로 시험하지 말고
누구라도 아프게 하지 말기를

차이코프스키 봄의 행진곡도 브람스의 겨울 자장가도
자유의 숨결 속에서 숭엄하니까

하늘을 걷는 사람들

오래 지친 땅
선 채로 열려있는 창가

오르막의 경계에서
욕망을 발라먹는 부리들
끼룩거리고

오만가지 영상과
무소불위 활자 곁에서
되돌아 설 수 없는
현자의 순례
사랑으로 사람을 조각하는
열꽃 향기여

지금 뭐하세요

근심이 징을 두들기든지 권태가 꽹과리를 울리든지
악마의 전주곡은 대개 변성한 발라드로부터
스멀스멀 피어나는

저지대 습지라도, 발랄한 필라멘트의 촉수로
수잔 잭슨*의 에버그린과 알렉산드라 버크의 할렐루야쯤
귀에 넣고
요망의 착지점까지 훌훌 털면서 훨훨 날아보세요

나를 감추었던 비밀도 불쑥 열리고
낯선 수작이 반겨줄 텐데

아, 여태 뭐하세요!

*2008년 멕스 팩터 시즌5 우승한 영국 가수. 케나다 출신 여성싱어

최면시대

수월하게 아프고 맥없이 우울하라고
팡팡 열려있는 세포

이유도 없이 아팠다면 억울했겠지만
제 맘대로 갑질하는
최면바이러스 고지에서
불쑥 떠오르는 카피

독한 최면에는 착한 체면으로 맞서라

쇼팽의 왈츠가 소복차림에 스쳐지나간들
승냥이 울음소리 발톱을 세워도
산 자의 최면은 죽은 자의 것보다
가볍다며

척한 최면은
벙어리 세월만 넘겨주었지

사철엄니

손금에서 불려나간 잔정이
무대에서 사라진 음반들이
낯선 우주의 출력으로 나를 깨웠어
나는 사철바람에 작은 젖꼭지를 물리고
강줄기와 수채화를 말아가면서
간이역의 집시와 둘러앉아
유행에 밀리고 유정에 말리면 치사한 자유였노라
맨몸으로 열창해왔지

붉은 카네이션이 피고 또 지고
하얀 카네이션은 실성하고 실정을 하고
산 그림자 풀썩 주저앉고
사라진 수수밭에서 소슬바람 서성거리자
울 아버지 외투를 걸어두고
해 지지 않는 나라로 훨훨 날아가셨지

금정산

너무 흔한 뒷동산이라고
오명가명 눈여기지 않았는데
산 벚꽃향기 내려와
잃어버린 춘절을 떠올려 주고
가까워서 달려갈 수 없었던
청사포 햇살
넓은 초록빛 주단을 깔아주고
상념에 지친 고담봉과
장군봉
혓바닥이 허옇게 갈라지도록
멀리 내려왔으니

난바다 같은 태평양 속에서도
나는
가끔 너를 오른다

통행에서 동행으로

알프스 기슭에서 노란개나리가 반기고
중앙아시아 공원의 무궁화꽃나무도 당당할 적에
동남풍과 북서풍이 길을 열고 결을 넓히고
동방의 햇살은 채워지고 채워주련만
남과 북은 혀로 밀면서
동과 서는 혀로 씹으면서
반세기가 지치도록 각진 등과 등거리

내 작은 세월도 이리 부끄러운데
바뀌면 바뀐 대로 굴리면 굴러가는 관성대로
지지리도 꼬장꼬장한 꼼수와
살찐 혓바닥에 치 떨었던 백두대간
눈 뜬 서해바다를 옴팍 재워버린들
녹슨 철조망에 갇힌 족보인들 어찌 모르랴

두만강아 압록강아 너는 지금 어디로 흘러가느냐
하늘을 우러러 시대정신을 받들어
뒤집지 않고 뒤집히지 않는
툭 터진 통행과 쭉쭉 질러가는 동행으로
허망한 통치에서 허무한 시험지는 내려놓아야 할 때

열강의 벽을 뜯고 디지털장벽의 속셈을 풀고
팔천만 통일세대의 정체성을 우뚝 세워가야 할 때
반세기를 참수해야 했던 최강민족의 이정표
단단한 단군의 지팡이로 대주와 대양을 지휘하면서
우렁찬 백두산호랑이의 목소리로
애국가를 열창해야 할 때

푼수로 산다는 것

언제까지 실속 없이 살 거냐고 지청구하셨던
어머니

이기 충만한 마을에서 모두가 똑똑하고 영악하면
불행지수는 곱으로 상승할 거라는
휴먼방정식을 슬그머니 닫고
깨갱했지만

비열한 고수로 살찌는 것보다는
하찮은 충돌과 섞이지 않게
변방에서 키 줄이고 눈높이를 낮추고
어엿한 슬로우시티 머저리로 노래하는 나
영락없는 푼수다

잘 죽기 위하여 잘 살아간다는 것
푼수로 나를 남긴다는 것

사라진 친구에게

우리 미워한 적 없는데
우리 떠민 적도 없는데

너와 나는 낯선 계절로 흘러가야 했지

지겹도록 헐떡거렸던 생존의 각축장에서
오동통한 역설과 비틀어진 회전문도
또 다른 막장을 관통해야 할
차가운 젖줄이었나니
너는 너대로 나는 나대로
잃을 것 잃고 버릴 것 버렸으니
옛일일랑 고요하다

너랑 나랑 다시 만나면
뼈와 살이 광분하지 않는
사랑의 본향에서
이유 없는 행복만으로
오래오래 놀자

도시의 독백

대책을 깔아두고
대망에 꽂혀있는 網

허기진 정쟁과
살구 빛 욕망이 득세하는
관성의 자리에는
미추의 개념도 없이
황색차선을 거스르는
공중파의 소름들

신호등을 건널까
신호음을 보낼까

술잔에 함몰되지 않은 것만도
다행이라는
뻐꾸기시계의 전음
ㅃ ㅃ ㅃ

어제도 그랬다.

아침

녹슨 창틀사이
은하를 평정한 사마르칸트* 전사가
황금빛 고드름을 출시하자
혼령의 홀씨
혼혈의 넝쿨들
골방에서 일제히 경배를 드리고
이제는 우울의 지평선에서
지배의 박자에게 끌려가야 할 시간
순한 당나귀들의 울대에서
태양의 생살이 돋아나고
멧새를 쫓는
억척배기 목동의 휘파람 앞에서
허허청청 나는
너희들의 성지를 외워준다

*실크로드의 중심도시

내 안의 줄기세포를 얻다

약을 밥으로
주사를 별식으로
우리 얼마나 아프고 병약했던지

진시황제를 탐하지 않는
영하 199도 밀봉에
일백세 프로젝트에도 들뜨지 않는
내 안의 줄기세포

어찌 살아야 할 꼼짝없는 과제와
덤으로 지내야 할 눈빛들에게
허망한 세월이 아니기를

진리와 섭리가 요란했어도
섭리와 진리는 교만했어도

귀향

벗길 만큼 벗겨가는 특별시
벗을 만큼 벗어주는 광역시

치열한 쩐의 방정식에서
내 고향 논밭 언저리는
명품 혁신도시로
개칭하고 개벽을 하고
신부화장에 금테를 둘러왔으니

줄에 매달린 동사무소 볼펜이여
안녕

연둣빛 싱싱 찬가와
판관도 설설거리는 밭고랑에서
후덕한 새참바구니 나누다가
할아부지 하면서 손 벌리는 놈에게는
물고구마 한 개 던져주고
아저씨 짱이라고 엄지 세우는 놈 달려들면
소고기 사줄란다

아버지의 시계

목련꽃 지던 그해 4월

세상에서 가장 아픈
일분일초를 다투다가
쓰디 쓴 새벽
뒤돌아보고
달과 해의 뒷편으로
사라져 간
아버지의 일백세

어머니는 어머니대로
다음 세상에서도 아버지와
하얀 결혼식을 올리겠노라 하지만
아직은 일찍 데려 갈 생각일랑 마시라
행여 꿈에서도 얼씬하지 마시라
당신의 시계에게 일침을 쏘아 붙이는
어머니의 일백세

호수공원

자유를 희구하는 쟁반
거대한 비명으로 누운 과녁 앞으로
너나없이 내다버린 일탈이여

열애의 벤치에서
이별의 잔영까지
어찌 고운 빛으로만 채워왔으리
진지할수록 잔잔한 성전
수궁의 창살 사이
바닥은 상처의 다른 이름

빛을 등진 영혼은
빛의 방석으로 다가오라

나는 때때로 삐에로가 된다

사랑이라는 괴물에게
깜박 속아왔고
깜박깜박 스쳐지나갔어도
상처라는 고물은 건망증이 심한
사람이라는 관성으로
사랑만큼은
사명의 아날로그시스템이라니

숨 쉬는 날까지
여한 없이 속아주기로

불면지대

람보란 놈이 왔다
째깍거리는 초침에다 부드러운 라텍스를 깔고
라벤더 향을 뿌려본들
분명 외세에 재수말린 밤

허공에 대포알을 쏴댈 필요야 없겠지

창밖에 얼쩡거리는 주파수를 거두고
위기의 인문학을 염려하는 마른 침으로
해묵은 증오쯤 가글하면서
가물가물한 국민교육헌장도 들춰냈다가
바이에른 처녀의 세레나데에 업혀
밋밋한 허기와 허상에게 휘둘리지 않기

머리채를 잡아 흔드는
케이블텔레비전 잡상인에게 끌려가지 않기

오래된 거울에게

훈장처럼 덕지덕지 붙은
검버섯 앞에서
나를 벗고 너를 묻는다

세상사 오금저릴 논조와 쟁투로부터
새끼손가락 한번 먼저 추켜든 적 없이
참상과 울상과 흉상을 패스하던
센스장이여
기분 상한 날들이야 오죽했으련만
평생을 무릎 내리지 않고
들리지 않는 스피커를 귀에 단
내성의 철학자
늙은 철인의 눈높이에서
세월의 결정력이란 이런 거라고
숱한 진실의 사설 읽혀주었지

깨끗하면 외로울 거라는
그 시절 그 마음 기억하는
반세기 동안
시간의 멱살을 흔들면서도 나는
너를 내려놓지 않았다

鄕愁

고아처럼 외로운 별
미아처럼 흘러가는 역사

둥글둥글한 교과서와
둥글게 살라고 침 바르던
참고서와
길고 굵기만 했던 교정도
지난 이야기

욕망의 파이프라인과
욕정이 날름거리는 극과의 극성에서
우울의 술잔 털어 내느라
해 저문 하루에게 어렵사리
화해하려 하지만
태양의 두루마기는 벗겨진 채로
눈물은 빗물이 되고
민들레 씨앗 하나도 바람의 새가 되어서
동구 밖 당산나무 앞
아지랑이 피어오르는 들길 따라
사랑은 재활하고 부활하리라

푸시킨 생가

市와 時가 굶주리던 시절
詩는 레스토랑의 꽃병에 침수되었던
고르바초프 실각 이전의 러시아
페레스트로이카*와 글라스노스트 오븐에는
형형색색 자본주의 테마가 뜨거웠고
자유가 열리는 길목 앞에는
하루살이 열량에
빵을 동냥하던 버터의 반란이
대포알을 프라이팬으로 갈아치우는데

화려한 백 만송이 장미 가시덤불에서
펜을 내미는 거장에게
나는 볼쇼이의 땀방울과 자작나무의 눈물과
크레물린 군중의
거스를 수 없는 환희를 들려주었고
레닌그라드 강줄기는
다국적 조명에 이끌려 흘러가야했지만

시끄러운 생가에서
똑똑한 영감은 끝내 이불을 걷지 않았지

사라진 문학은 원래 소란스럽다고

*개방과 개혁

등나무의 사랑

너의 고된 묵비권을 알고
등이 휘도록 긴 세월의 침묵을 읽어 내렸지

사명이든 사역이든
햇볕만 기억하는 시멘트왕조에서
번지도 문패도 우편번호도 없이
달빛에 불려왔던 너의 근력은
깔깔대고 재잘거리는 북새통에서
잎과 줄기를 출산했고
푸르고 마냥 착했던 너의 수행은
구청직원의 수작에게
표창하고
명찰 하나 달랑 채워진 채
등신들이 더덕더덕 엉겨있어도
등나무의 정품은
풋풋하고 촘촘한 그늘이라지

2

실크로드보다 실한 실크로드사람들

겨울코스모스

지반을 희롱하던 신들의 막춤에서
고추잠자리 중대의
황혼의 왈츠가 사라지자
동화의 눈꽃으로 각색한
철새들의 정류장에서

여린 몸 하나 감싸지 못한 야성이여
어디로 가야 하나

아무나 너를 밟고 지나가는데
아무도 너를 기억하지 않는데
생명의 코러스가 열리고
봄날의 심장이 쿵쾅거릴 때까지
관절에서 팝핀이 튈지언정
차라리 거친 북간도의 판 갈이를 즐기라

금강산의 해송도
춘하추동이 저리고 아파서
이파리 대신 가시를 매달았단다

행복놀이

봐, 온갖 판세와 판정들이
주머니를 끌어 쥐고 있잖아

열망에 갇히거나
蜚望에서 갈리거나
건듯 일러주고 걷어가는 융성의 회로에서
이유 없이는 웃어줄 일 없는 컬러링

우주라는 작가의 침묵과
플라스틱처럼 쪼개지는 정치적 공약과
종종걸음을 보채는 북새통에서
해진 날개죽지를 누비고
절제의 소품일랑 별채에 쌓아둔 채
순간순간 모아봤거늘

어떤 이는 퍼즐과 씨름하느라
안타까운 애정그래프만
뚝뚝
하강시키고 있지

대설

지천이 착지점인데
지상에서는 제조할 수 없는 축복
단한 푼 거래도 없이
백야의 성을 쌓는 은빛축제를
어느 누가 어떻게 건축할 수 있겠는가

들뜬 열전의 탁자에서
장자와 제갈량이 헤드라인을 뒤집고
칸트의 일갈이 불판을 갈아 치워도
외로움과 불면의 이중주로 살아왔던
초고층의 불빛과
민낯이 불편했던 가난한 영혼들에게
평편한 카시미론을 깔아주는
거룩한 사역만으로
평등세상

멀고도 아득한 성자의 메시지여

나의 국경일

나를 통치한 붉은 일요일에게
묵념.

나를 통제한 난자와 정자를 향하여
남을 위한 행진곡!

위대한 선물

생수 한 병에 천 원이라지요.
백 년이면 몇 박스를 사야 하나요
고슬고슬한 햇살과
사시사철 테마가 숨 쉬는 바람과 구름과
환산할 수 없는
생명의 바다와 강물의 가치까지
혹시 계산해 본 적 있나요

거기에 예쁜 초록동산과
푸른 별과 달빛의 동화
지하 속에 잠자는 종합세트까지
이런 엄청난 축복에 감사한 적 있나요

이런 공짜축제에서 한 번이라도
소외된 적 있나요
한 푼도 청구하지 않는 멀티세트장에서
바가지 쓴 적 있나요

대대손손 가꾸고 아끼고 지켜달라는
생존의 법칙에

이제 와서 카드 결제나 일시불 계산은 무슨

걍, 오래 쓴 순서대로 머리카락이나
쏙쏙 뽑아간답니다

아름다운 금메달

나는 기억하고 있지요

런던올림픽 축제마당에서
세계 5위라는 경이의 팡파르가
새벽잠을 밀어낼 적에
어린요정 손연재가
순위와 상관없이 올림픽과 놀던 모습을

세계신기록을 수차례 갈아치웠던
장미란 선수가
혼신을 다했던 패배에게 덤덤히 인정하고
지난날의 영광에 감사하는
아름다운 퇴장이야말로
가장 똑똑한 금메달로 새겨두면서

이제까지
13개의 금메달을 기억하지는 않겠지만
사라진 꼴찌도 기억하지 않겠지만
정상에서 내려오는 장미란과
정상을 바라보는 손연재의 노메달은
영원한 마켄나의 금광이었지

가로등

너의 스위치는 나에게 없고
나의 스위치도 너에게 없지만

너는 공공의 단백질과
지상에서 가장 착한 눈빛으로
사색의 발치에서
실성해야 할 새벽까지
어둠을 골라내느라
긴 눈 세워놓고 부라리는데

언놈은 작은 지휘봉으로
대뜸 삿대질 하고
함부로 갈겨대는 불친절한 지린내라면

저만치
떨어져서 거총하시라

내가 나였으면 좋겠다

거추장한 생사의 대열에서
거침없이 내달리던 열망은
다시는
젊어지지 않기로

이유 있는 존재로 나를 배워준
진리라는 불멸의 줏대와
사랑의 좌표로
행여 가난한 소망이
불티나 잡티로는 흩날리지 않게

즐거운 형식으로
마이웨이의 완주까지
남에게 핑계 댈 일 없이
홀어머니 마른밥상 살피고
늘어져 가는 노구
더 뚱뚱해지지 않도록
행복한 이례를 노래하는 내가
나였으면 좋겠다

너도 너였으면 참 좋겠다

지구촌 스타일

오대양을 활보하던 필하모니오케스트라

빠른 세상일수록 천천히 가라고 하더니만

운명 같은 베토벤의 음속에서

뚱보 행성 하나가 넙죽 가랑이를 벌리자

지구촌이 온통 기마자세다

패권의 권력까지 일제히 싸이 앞으로

싸이코여야 싸이다

실크로드보다 실한 실크로드 사람들

근본에서 자란 순종은
예나 지금이나 잔재주를 멀리하지
대대손손 대륙의 광풍을 쓸어내린 움막에서
덕지덕지 붙은 몰이꾼의 휘장에는
한 짐의 해찰도 한 점의 수작도 없어라

무광처럼 굵은 천추의 외로움이
봇짐 치켜들고 길을 나서면
그 또한 길로 엎드려야 할 것을
신이 내린 생업에서
뽐내지 않는 양치기의 서열
해와 달을 섬기는 눈빛이란 이런 것이다

서늘하게 맺힌 감성으로
얼마나 많은 탄식을 솎아냈는지
진공처럼 고요한 모래성의 적막과
절제의 운행이란 사설 앞에서
경쟁에 고린 발가락이라도 슬쩍 섞으려거든
꾹꾹 눌러 박힌 이기와
첩첩 말아둔 오기를 풀어라

지상을 위해 경배하는
분망한 서쪽의 행진이여

억새의 연가

꽃이라는 권세로 태어났다가
유영의 눈망울과 선고받은 홀씨로
신의 개벽을 외쳐온
너의 외로운 고행은
탄탄한 수직 안단테만으로
붉은 새벽의 머리칼을 쓸어 왔나니
희미한 초승달에 업혀
거친 광야를 횡단하고도
꺾이지 않았던 부드러운 이두박근
따뜻한 너의 방랑은
격한 지상에서 수평이어라

회상

천년만년 구부정한 능선에서
낡은 새벽을 싸매고
절절한 풀벌레의 열정은
천번 만번
너를 초대하고도
사라졌거늘

여윈 불씨는
심원의 줄기에서 하늘하늘
여울목의 파장과
운무를 쫓는 살촉이 되어

내가 풀려야
네가 지나갈 수 있노라
논리만 키워왔으니

후비지 않고
나서지 않아도
小雪의 지배가
담백하다

붉은 금요일

메트로아이백* 숲
살구나무 그늘아래
고작 오천 원 정도 잡화를 펼쳐두고
코란을 외는 단아한 여심

호사한 내 눈초리는
앞서가는 인종의 그림자인 양
지나가는 척
넓은 치마를 들어 올리고

후끈거리는 본능을 잠재우다 깜짝
나 홀로 검문에 들켜서
간밤에 끌려간 보드카 병까지 감추느라
애먼 까치의 종종걸음만
툭툭 밀어댔지

*타슈켄트 중심지의 공원

철쭉예찬

비장을 키운 사월의 반란이
고혹적인 마돈나의 입술로부터
앞산을 뚫고
뒷산을 들쳐 업고
아파트 입구 좌우에 도열하던 날

저 나직한 의지에서
동장군의 빗장을 열어가는
여린 숨결
넓은 사슬만으로 못 푸는
숨 가쁜 향기라면
바쁜 나절일랑 거둘지라도
발그레한 입술만은 남기라했더니

사계는 모두 아름답다는
찬바람만 씽씽

월요일의 알프스

재미없는 월요일에서
기다려지는 먼데이

신들린 모노레일에 기타를 싣고
융프라우 언덕 너머로
까마귀 떼가 반기면
날씬한 바이에른 처녀와
아름다운 베르네의 화장발도 향긋하여라

입술로 조제하는 행복이란
무겁지 않는 것
이해 없는 만년설이 내려준
블루마운틴 향기와
살찐 양들의 걸음은 놀고
카우 벨이 닫힐 무렵이면
아스팔트 야성이야 되살아나지만

수상하고 즐거운 월요일

나는 나를 다하여 존중하는
짧은 월요일

*한때 매 주 월요일에 요들송을 배웠다

기적을 넘기고 떠난 기적소리

기적소리 귀한 정거장에서
기적처럼 까까머리 친구를 만났습니다.

나잇살 든 거 말고는
하나도 변치 않았다는 첫인사가
바쁘게 셈 할 이유 없는 덕담이라
만나서 반갑고 그저 고맙고
구질구질한 엑스트라 명단 건너갈 여지없이
알량한 일상에 쫓기고 레일에 업혀
마침표 하나로
멀어지는 뒤태라니

재미없는 세상인 줄 다 아니까
재미있게 사시게

아버지의 봄밤

힘없이 왔다가
힘 들이지 않고 떠나가는 봄은
울 아버지의 여정

축축한 황토방에서
겨드랑이 치켜 올리시고
묵묵히 잠바를 말리는 기척에
바쁜 척
서둘러 달려가야만 될
핑계만으로

제방의 달그림자
쓸쓸한 거실에서 울먹거렸지

운명

재미없는 놀이터에서
맨발로 오래 놀아줬더니

별명 하나에
변명 하염없이

스파이크 운동화
한 켤레
신겨 줍디다

비로봉을 향하여

펑퍼짐한 精靈
고혹의 기척들이
명명한 협곡에서
툭하면 사라지는 능선까지
희멀건 미소
활활 타오르는 가슴을 열고
어찌어찌
나도 올라섰으니
툭 터질 추임새도
멀지는 않았으리라

추릴 것 추리고
민족의 세필로 신화를 쓰는 거다
세대랑 세기랑
붐비면서 사는 거다

범어사의 여름

깃발을 세운 열대야
염기를 쫓는 청솔가지의 보시
신들의 궁전은 가려있고 새소리 경건하다

수수만년 욱신욱신 절려왔던
노송의 삼두박근
소란스런 앙가슴 살피나니
기운 빠진 석양나절
달포 내내 골아왔던 계곡은
동해바다 실바람을 풀어내는데
고찰의 풍경소리
어둑어둑 적삼을 여미느라
느릿느릿 내리고

고시랑고시랑 채워지는 주막집 평상
때 묻은 전대에서
도토리 묵사발 만하게
달아오르는 신라의 달빛이여

깐깐한 겨울

광주광역시 남구 노인복지관
양석승교수와 자선공연에 살전을 내놓고
이왕에 한판 벌리는 것
복분자주 한 병씩 선물하기로 했는데
공연도중 할아버지 한 분께서 미리 달라며
취중 소란을 피우신다
관객들 빠져나갈까 봐 양해를 구하고 달래는데도
봉사회원의 멱살을 틀고 책상을 치고 뒹굴어
어찌어찌 막을 내렸지만

복분자주 한 병에
난자당한 가을축제

가진 것을 죄다 내준 들녘은
북풍이 가슴을 내리쳐도 저렇게 넉넉한데
맛도 멋도 씁쓸한
관계의 광장이라니

닐영의 하베스트송이
허망한 내리막길을 열어준다

왕년에

동구길 들어서니
귀뚜라미 울음소리가 쓸쓸하다
소싯적 하교 길에서 초대형귀뚜라미의
혓바닥을 봤다는 삼식이의 허풍

얼쑤 바통을 받은 삼식이 마누라
개구리를 잡아먹는 슈퍼귀뚜라미를 봤다나
몽둥이로 잡아서 구워먹었더니 개구리 맛이란다

암만 왕년의 개그랍시고
씨발년이라 할 수도 없고

하여간에 미궁의 한나절은 무성해서
왕년이 쌍년만은 아닌 것 같았다

연꽃소묘

알면 알수록
멀면 멀수록

한줌 햇살도 구도가 아니라면
환호한 적 없는 눈빛

지는 해 어둡지 아니하고
거두는 한 해 무겁지 않으리라

참회

흔한 것 같아도
흔치 않는 구원이요
초대받은 울림인 것을

눈총을 벗고
은총에 업혔다면

축제

너를 떠나보내면
네가 남겨준 유산은
유적조차 없는 허무한 맹세

외진 빈터에서
아름드리 꽃으로 다시 태어나
알록달록한 부재와 결별하는
분자들의 불요일

꽈배기 같은 상심쯤이야
쟁쟁한 목청으로
활활 타오르는
기회의 곡간에서
관절이 휘고
명제가 잠길 때 까지

새벽시간 멍한
달과 별을 적시라

3

배반의 명절

路程

–방랑시인 김삿갓을 기리며

일필이 산을 넘기고
일갈은 먹 선 따라 넌출거리고
표창 같은 만담과 해학에서
껄껄거렸던 가객은
조각구름에 실려
별 중의 큰 별빛으로 명하고

초가에 수수밥이 털리자
애지중지 말아두었던 민화마저
기와집 건너 더 큰 기와집을 지키고
운주사 범종소리
고적한 무림의 수호신이 되어서
길게 누운 고인돌
하나 둘씩 바짝 일으켜 세운
긴 세월의 모퉁이
적벽에 풀린 짚신짝을
어찌 배부른 방랑이라 매치겠느냐

홀로 왔다가
홀연히 떠나간 먹 향이여
흠모하던 시비에서
벌떡 일어나
덧없는 유랑과 유유한 기풍으로
고개 내린 민심을 적시라

고산목

어느 누구에게 가야 할 최악이
적의 없는 너를 짓눌렀다면
분명 하늘의 뜻이고
우주의 결이니
너로 인해 푸른 숲은 온전하고
울부짖던 협곡도 온순했나니

설산도 봄에 앉히면
주검의 고랑에서 고해를 풀고
발가벗긴 오욕의 수행도
사라졌나니

세상 조화란 공정하지 않고도
공정한 듯 상응하는 것
산들바람 거둬가는
삼복더윈들
발가벗은 너에게 무슨 상관이랴

더는 마를 일 없는 너의 입술로
신령의 변사인 양

진중한 신의 개벽을 꿈꾸라

찬연한 고독에서
역사의 란제리라도 활짝 벗기라

초란

살구 빛 연정
실고랑에 그윽하여

갈증을 벗은 나그네
산모롱이 허리를 돌아설 때

수고로운 어미의 숨구멍에서
작은 낮달 하나

불쑥
기어 나온다

쌈판

낯설고 물설어서
훈민정음도 설설 기는 안디잔*의 작은 아파트

글벗 삼는 이방인 옆집에서
러시아산 쌍욕이 티격태격 다투는 소리
앉은키로만 얼핏 스모 선수와도 겨룰만한 아줌마가
내지른 딱 한마디 괴성에
졸고 있던 노트북의 커서마저 움찔했다면
상황 종료!

바깥양반 얇은 고막은
라마단에 매달렸는지 두문불출

세상 어딜 가나 부러지고 분지르는 판세라
옆집 양반 사후보다는
그 후가 궁금하다

*우즈베키스탄 주의 대표적 저항도시

지구계약서

멀고 먼 쥐라기 시대로부터
배워준 대로만 살아가야할 마을
헐리지 않을 것 같아도 착착 헐리는 생사의 계단
너덜너덜한 생명계약서는
광년의 서식으로 회자되는데

온전한 호흡이라야 일백 년
만기일도 모르는 사글세 처지에
때 되면 사라지는 원칙이야 다를 바 없지만
그렇다고 두려워하거나
체념할 필요도 없지
사람과 자연의 재계약에서
사랑과 생명으로 서로 존중하고 아껴준다면
거기부터는 꽤 든든한 계약이야

너나 나나 합쳐서 우리 세상은
계약촌이지

안개지대

깜짝 서열을 감춘 통치자

삼척동자가 쩔쩔매고 적토마도 설설 기는
권력의 카멜레온이여

우윳빛 황홀경에
누구는 벗어나려고 몸부림 칠 것이고
누구는 찰나를 벗기려 했을 것이고

너로 인해 정지했던 인간사
거만한 정쟁까지 쉬어갈 수 있었던
기저귀 채운 영토에서
니네 문중이 궁금하다야

추월산

어둠이 맑고 새벽 골 깊은
보리암 풍경소리는 나그네의 단골 뉴스

금광처럼 누워있는 시누대의 혼령 따라
다래와 칡넝쿨은 서둘러 능선을 벗어 내렸고
걸출한 나이테도 기척 없이 하산했으니
후덕했던 單子 바구니 간 곳 없이
장날은 어이 후딱 지나가버렸는지
핑계에 키를 맞추던 담양호는
펑펑 울고도 눈물이 쉽다

메타세쿼이아 혈기 따라
O형의 정맥에서 온천수를 기워냈더냐
B형의 산조가락이 길손을 불러 앉히더냐
시시각각 선을 문대고 줄을 긋는
밥풀떼기들 여정이란
상행선은 어디서 올라오고 하행선은 어디로 달려가는지
곱게 단장한 노령의 치마폭에서
졸졸 흐르는 샛강
거드름 피는 잡초군단에

송홧가루는 그나마 충직한 남도의 전령이었지

박속처럼 무거운
침묵이여
애먼 가슴 들어내지 못한 채
영산에는 호랑이가 없다

유네스코에서 품바와 함께 춤을

시대정신이라면 과녁으로 몰리던 시절
뜨거운 모래시계에서 자유라는 열망이 식은땀을 뻘뻘 흘릴 때
욕쟁이 거지에게 열광하던 무대가 있었지
거지 대빵 김시라!

이제는 영원히 거지 촌을 떠나버렸고

시골장터나 나이트클럽에서 만나는 품바가 일회용이든 말든
품바의 깡통에는 빈곤층을 대변하는 역사성과 시대정신의 애잔한 동전이 짤랑거렸고
관중은 울고 또 웃고
겉옷만 벗기면 풍요 속의 거지였으니까

시쳇말로 품바는 우리네 삶의 대본이고
일인 마당놀이로 기대 이상의 여흥을 동냥해준 품바였기에
강남스타일에 열광했던 지구촌이
한민족의 통일품바로 등극하는 날

메디슨스퀘어가든 특설무대나 몽마르트 길거리까지 한풀이 공연을 넓히리라

유네스코 광장에서

온 세상의 인종들이 질탕하게 취해야 하는 날

품바가 정장으로 갈아입을 날

축가

끼리끼리 좋은 날

당신의 따뜻한 눈빛과
아련히 피어오르는 감성이
장밋빛 향기로 다가서지요

생존이라는 연줄에서
부라렸던 부리와
흔들리는 날개를 감싸주던
오래된 상처에서
상심하지 않는 그대에게
창밖에 울먹이는 미소가
포근하고 아름다운
사랑의 서시를

영원히 변명하지 않는
우리라는 계명으로
이 세상 어둠을 향하여
훨훨 날리렵니다

레드우드수목원*에서

초록빛 원시에서
황급히 봄을 벗는 초가을 산새들이
길게 울어야 했던 마오리족의 탄식을
연주하는데

시리도록 푸른 꿈
수많은 별들의 이야기 속에
작아지는 전설
살랑대는 꽃향기와 나는
안개 속 탁자에서
커피를 카피하지도 않았지만

대양을 득음하는 까치와
여리디 여린 햇살
숙제를 안고는 도저히 돌아 갈 수 없는
지고지순한 수천 년의 고목도
혼자만의 무게는 아니었더라

*뉴질랜드. 영화'쥬라기 공원'촬영지

일방로와 교차로

한 많은 미아리고개라 했던가
계엄령만큼이나 살벌한 토벌작전에
집창촌이 뒤집어졌어

배출구가 막힌 일방로
교차로는 횡단보도에서 정지된 상태

야동에서 광분한 청장년의 콩대가리와
걸 그룹의 짧은치마에
꺼진 불이라 오판했을
할아버지 군단의 무골장군은
어슬렁어슬렁
마땅한 간판을 살피는데

채팅 방의 밤꽃냄새는
언놈이 카사노바고 뉘댁이 영자인지

갈 사람은 갈 때까지 가려는 속셈에서
어린이 성추행사건이 속속 터지자
전자 팔찌가 아이티왕국의 신상으로 나섰지만

팔찌는 팔찌일 뿐
음주측정기보다 정교한 색중측정기가 필요하다고

강제하는 길은 항상 쌕쌕거리지

내 사랑 석류꽃이여

수두룩하게 열린 꽃술들이
나잇살에 응어리가 없는 이유를
들려 줄 적에
한 뼘만 내비치는 햇살도
한 시린 칼바람의 상처도
돌고 돌아가는 거라고
무거운 등짐을 내려주고
내가 가야할 길을 열어주던 그대

안데스를 휘돌아온
아마존의 메아리와
두바이의 호수를 맴도는 철새들의 여정과
발리의 해변에서 만나는
발가벗은 인연들이
왜 서로가 서로를 벗겨주는지

자유에서
자유가 없는 지독한 고독을
조각조각 산화하며
쉬엄쉬엄 원두도 갈았다가

안식이라는 밝은 라벨을 붙이고
햇살이 되고 바람으로 돌아누워 버린
나의 노래를 들려주었을 때
새초롬한 투정마저 지워버린
그대는
멀리 있어도 살아있는 계절

똘똘한 성심을 등에 업고
영원히 낙화하지 않는
약속의 땅으로
약속한 사계를 데려갈래요.

영안실의 트럼펫연주자

새하얀 원망으로 질펀한 화원
무상의 원칙에서
하늘나라 칙서는 내려왔지
트럼펫연주자의 빵빵한 볼 살에는
통곡으로도 풀지 못하는
지정곡으로 심각하지

영안실에서 걸어 나오는
영안실이라는 대답이
도처에 널려있는 영안실이지

무거운 행진이 멈추게 되면
텅 빈 트럼펫이야
내리는 햇살로 채워지겠지만
쓰러진 술병도 치워지겠지만

영안실도
언젠가는 쓰러지겠지

생사의 배신

그냥 '여기까지만 살까?'

만만한 장지를 두리번거리다가
내가 아닌 뉴스가 크게
다가왔을 때
삼백그람짜리 도요새가
지구에서 달까지 삼십만 킬로미터를 비행하고
공룡시대부터 살았다던
잠자리 떼
초가지붕에 살포시 향수를 긋는지라

별 것도 아닌 인생
별 것인 양 나에게 보채야 하나

스베덴보리의 위대한 선물을 읽고
재활을 연주하다

藥

암만 생각해도 너는 지상에 오지 않아야 했어
깨알처럼 적혀있는 너의 이력을 존중하고 숭배하면서
탄탄하게 코팅하고 붙들려 살아가지만
어차피 허물어져야 할 불량한 모듬 순대로
검붉은 간장과 콩팥장이 썩든 말든
유유자작 고등동물의 고통을 즐기고도
꼬박꼬박 휴일을 챙겨왔던 너는
너덜너덜한 노숙을 거만하게 순시하다가
툭하면 바쁜 신발을 감춰두고
허구한 날 이불 속에 파묻는 심통이
제국의 제왕인 양 지구만한 종족을 다스려왔으니
내 비록 너를 사모하기도 했을지언정
다음 세상에서 너랑 나랑은 만나지 말자

일출

成火를 바라보는 성화에
아랫녘의 발끝을 한껏 세우고도
주름 한 번 접은 적 없는 너는
행성의 교주

너라고 사랑의 둥지가 없고
너라서 뜨거운 눈물이 없겠느냐만

맥없이 분화하지 않았던
얼마나 진득했던 사명인가
얼마나 온유한 수행인지

지나온 길로 다시 쫓는 탄성만으로
새날은 가뿐하다

부활의 노래

부활만큼 신실한 의식이 어디 있으랴

그 어떤 생사의 정글에서
그 무엇까지 훌쳐간 알파와 오메가는
또 다른 임자에게 묶여있을 것이니
초조하거나 투정하지 말라

말라붙은 시절의 샛강에서
벼락같이 채워질 풍요의 강을 위하여
따뜻한 로즈마리 한잔으로
한 뼘 두 뼘
갈기갈기 헤진 샛강을 적시라

찬연한 고립에서
너와 세월이 완성되었을 때
평안의 파도는 울고
나뭇가지에 걸린 단 한줌의 빛도
멀지 않게 다가서는 것이니
물러서지 말라

지상에 없는 부활은
지상에 없는 빛으로부터
빛을 나누면서 온다

배반의 명절

소싯적 성스러운 축제였다고
실향민 아닌 실향민끼리 구시렁거리는
붉은 국경일을 어쩌랴

그리운 얼굴들이
하나 둘씩 곁을 떠나갈수록
때깔 고운 전단지만 환장하게 차려입고
턱을 괴던 절구방아는
박물관의 풍물이 되었건만
등 떠미는 인심에
친한 척 달려드는 보름달마저 어둑어둑
눈치 빠른 여행 가방은 일찍 구름 위로 올랐지
빈정대는 메뉴에
노처녀와 노총각이 불려가고
홀아비와 과부가 헛기침 하는 거실에서
팍 상한 티브이 특집과
구깃구깃 족보를 팽개치는 거대한 잔소리가
불행을 툭툭 일깨워주는 악마로 들어섰나니
빌어먹을 날에
돈 빌리는 이는 별로 없더라만

잠깐 꼬시라진
가마솥은 도로 고샅에서 녹슬 뿐이고

사대문이 신문고를 울리다

기껏해야 한 세기
갈라진 세월
폭삭은 시대정신이여 어디에 숨었느냐

언제는 신혼 길에 수학여행에 도시락깨나 싸들고 벅적거리더니만
비바람에 벗겨진 사개 골에다 한풀이 방화까지 한몫 거들었다면

세기와 세대의 눈높이가 고작 이런 거였니

이제는 전시의 관을 벗겨줘
나 문화유산 그런 것 그만 할 거야

하늘에 쌓여있는 돌멩이

누구 이마빡을 겨냥했느냐
씩씩거리고 절규하는 분노로 쏘아올린 돌덩어리

살가운 미풍이 불어오고 고된 철새들의 노래라도 잠깐 쉬어가면
파란세상 편한 잠을 이룰까 !
이런 시인들의 감성 앞에 텐트를 치고
저마다 쏘아붙인 직성이
살벌했던 흥정과 폭죽 같은 욕망의 불쏘시개가
설산처럼 쌓여서
누군가의 갈 길을 막고
거짓 증거로 가격하고

불쌍한 앵벌이의 엽전을 갈취했거나
사과궤짝 속의 빳빳한 지폐다발과
피 튀긴 수표책이 예수님을 묶어두고
부처님의 살점 또한 누군가의 별식으로 채워졌다니
우주만큼 만만한 과녁이 어디에도 없다는 듯
하늘로 우주로 돌진하는 돌팔매여
투수들이 많을수록 잘 생각해봐

부메랑은 시간과 공간으로 온다

개미산성

해 떨어지자 북적거리는 불판
정이 마렵고 웃음이 고파질수록
이런 저런 애환과 핑계를
오목가슴에 소주잔을 적시고
삼겹살과 목살이 협연하는
키 작은 영혼들의 안심골

나쁜 개미 착한 개미 눈치 빠른 불개미
경쟁과 갈등의 계급장을 벗고
사랑의 방정식과 이별의 삼팔선에서
빚더미 공포라도 잠시
이차까지 옮겨가는 마이크라면
금영이든 아싸든
갈라진 음정이면 또 어떠랴

휴대폰으로 대포를 쏘고
상가 집 핑계가 이번까지는 먹혔더라도
웬만하면 자정 전에 갈려야 할
개털 같은 개미들의
가난산성

참사랑은 두터운 얼음골에서 온다

와우 신나는 반란이다

즐비한 이별의 얼음골에서
사랑의 세레나데가 들려오는 것
꼼지락대던 신기가 거만한 봄을 붙들고
발그레한 춘몽이 흉물스런 설빙을 연소하자
개울가로 혼숙한 소나기
을씨년스런 오후를 공양하는데
아랫마을 웅덩이는 벌써
바이러스의 천국

그래서 지구는 유배지

누구라도 팔딱거리는 전율이 오면
봄의 심장을 찢더라도
사랑은 붙들어야 해요

충주호에서

물어물어 물의 나라에 왔습니다.

옆구리 없는 좌대에서 홀로
낚싯대 거총하고 담배연기 피어오르니
차곡차곡 잠들어 있던 우화들은
슬슬 꼬리를 치켜 올리고
저대로 떠나버린 사십대의 부표가 일렁거리자
살림망을 흔드는 하루살이 성화에
커피 잔만 들었다 놨다 해본들
이런 무대가 어디 하루 이틀 뿐 이었겠습니까마는

나를 묻지도 않는 물컹한 물의 집에서
나도 나를 알리지 않는 부력으로
지난날 케케묵은 월야괴담이 라면 발을 휘감아 넘기자
팽팽한 장줄에서 짜릿한 섬 하나 들어 올렸으니
이제는 내 작은 주량도 증발해야 할 시간
시들한 야광찌는 갈아야 할지

새벽으로
허물어진 등짝을 바짝 들어올리고
일렁거리는 발광은
사색의 창살에서 어제를 감싸줍니다

4

나는 보름달의 머리카락을 깎지 않았습니다

삭발도 글로벌패션입니다

이런 글 쓰고 싶지 않는데
이런 말 그만 하고 싶은데

깊게 굴착한 인생의 샘터에서
머리카락 밀고 단순하게 살고자 함이
말총머리 무사보다 질타가 무성한 이유는
한국에서 태어난 머리카락은
머릿속을 감추고 살아가는 것이
한국적 대세라

헌법이라는 그 자유의 껍질에서
동사무소 법이고
군민과 면민의 법이었다고
수상한 눈빛으로 턱 올리는 이에게
글로벌 헤어패션이라고
열강을 해도
하다가

걍
머리카락 길고 있습니다만

빡빡하게 들어 찬
내 머리카락만한 일 있으면
긴 머리카락 흘리지 말고
너나 잘하세요!

시차

낯선 찰스부르크의 허름한 카페
모짜르트에게 러브콜을 받고
급속 행복의 터닝 포인트에 젖다보니
이게 사랑의 모의고사인지
킬러의 향기인지

가슴 뛰는 혼돈을 접고
삼천구백오십 킬로의 대장정을 감행하면서
서로 다른 입과 귀와 함께 지낸 시간들을
영종도는 내 형편을 아는 듯
커닝하며 나를 건든다.

일천 년을 소나무로 살거냐
사람으로 일백 년을 살거냐
딱 오 년만 대통령으로 살다 죽을래
지금 죽어서 천국으로 갈래
이건희 회장으로 살래
타임머신을 타고 북한 어린이로 살래

강남의 오십 평 빌라를 공짜로 줄까

제주도의 오천 평 초원을 줄까
오페라하우스에서 제대로 된 공연으로 한번만 할거냐
평생 문화인으로 봉사할 거냐

나의 숙명은
만만한 나를 알지

수영장에 가면 청춘의 냄새가 난다

오랜만에 찾은 수영장
길게 자라난 물풀은
물의 뱃심에게 무릎을 꺾고
굵은 핏줄은 회유를 당하는 건지
엄마의 뱃속처럼 아늑한 건
왜일까

25미터 라인을 스카이다이빙으로 입수하고
단숨에 버터플라이로 날아갔더니
오글거리는 인의 장막에서
골골거렸던 심장이 골려주는 말

꿈틀거릴 때 까지는 청춘이라네!

내일도 꿈틀거릴 것이다

주자만루

특별하게 추운 서울특별시. 특별한 그라운드 출근택시에 올라탔더니 기사는 한때 잘나가는 중소기업 대표였단다

아이엠에프 직격탄을 맞고 회사를 통째로 은행에 헌납한 뒤에 어쩔 수 없이 핸들을 잡았다는

드라마의 대사 같았던, 하지만 일면식도 없었던 우리는 또래라서 통했지.

오래된 친구처럼 덕담을 주고받다가 무심코 사차선 중앙 분리대 쪽에 시선이 가 닿았는데, 키 작은 나무들의 화단 속에서 기지개를 켜는 노숙자. 간밤에 덮었던 신문지와 비닐을 걷고 일어서는 것

아, 생명은 끈질긴 것이다

양천구 그라운드에서 노숙자와 운전기사가 일루와 이루를 채웠고, 때깔만 그럴듯한 나도 슬그머니 출루했으니 주자만루. 4번 타자가 궁금하지 않는 까닭은, 심판다운 심판이 없다는 것이다

쫓기지 않는 새는 고향을 묻지 않는다

태양의 깃털처럼 찬란한
유라시아 호숫가
길게 뻗은 전선가닥도
새떼들의 호기를 충전해주는
원시와 근시가 공존하는 곳

유물처럼 간직해온 낚싯대를 펴고
광활한 지붕 위에 앉으면
지붕 아래는 더 이상
혼자라는 게 없다

마른 빵 한 끼와 말라코* 한 잔이면
부러울 것도 다툴 일도 없다는
소소한 체념으로부터
청춘의 별천지는 또 어찌나 예쁘던지

서로 셈하지 않는 혈색과
곁눈질 없는 질량과 부피에서
외로움이 찰싹 붙어있는 이방인의 배낭만
왜 이리 홀쭉한 거야

너에게 투덜거려도
너와 나는 투덜거리는지 모르고

그나저나 저들의 지대한 행복지수는
축복일까 조화일까 역사일까

고품격 유산일까

*이른 새벽에 갓 짜낸 신선한 우유

착한신부

기내에서 만난 동향인
아파트에 초대받고
사마라칸트 녹차로 마음을 덥혀주더니
따끈한 신부자랑과 함께
신혼 첫날 밤 비사까지 들려주었다

타슈켄트의 얼큰한 밤

용호씨만 사랑하고
작은 용호씨를 키우고 싶어용!

Q Q
아니, 여기는 밥 먹는 곳이라니까요!! 19금
그랬단다
ㅋㅋㅋ

쫓겨간 전설

그 시절 초가집도, 양철지붕이거나 기와집 안방에서
찌걱거리던 금성 트랜지스터가 문화전달의 압권이었지

정겨운 시그널과 텁텁한 성량 앞으로 둘러앉아
20분짜리 무대를 섬겨왔던 밤
슬그머니 쥐어주던 외할머니의 알밤에서
까치호랑이와 도깨비 불방망이가 깜짝 춤을 추었고
한여름 밤이면 어김없이 출연하는 구미호와 월하의 공동묘지에
소슬바람 일던 심부름 길이
무섭고 성가셨지만

그렇게도 무성했던 전설은
아프리카나 방글라데시로 이민을 갔는지

시골마을 초입에 선 당산나무
외진 산마을에 방치된 물레방앗간 정도가 소품으로 남아있을 뿐

늙으면 전설이리라

지구의 통곡

멀고 먼 나라의 새벽 한시

묘한 진동이 침대를 흔들고
장롱이 열리는 순간
몽니 난 코뿔소가 돌진하는 느낌
전차 부대가 다가서는 듯 쥐어 패는 굉음까지 들리자
선잠에서 벌떡
롤러코스터를 타던 사람들
밖으로 뛰쳐나가느라 아우성이다

강도 5.2 지진이 찾아왔던 것

낯설기만 했던 지진은 오래 진행되지는 않았지만
가축들과 곤충은 미리 낌새를 알았는지
신비로울 만큼 고요했었지

처절한 지구의 아리아를 만났다

제주도 올레길

삼다도 탁자에서 삼다를 갈라먹고
삼별초와의 격론에서 술잔이 털리자
바가닥거리는 유채꽃향기에 업혀
자맥질 좀 즐기자는데
오래 밟힌 화산 석에서
울먹거리는 먹빛파도
그 것은 제주민국의 의식이고
동떨어진 애환이라고

눈길도 주지 않는 목초의 능선에서
시디신 새벽이 출렁거리자
종마는 망실한 사랑을 향하여
순정을 졸라대지
갯바람은 갈 데까지 가겠다고 하지
뱃전에는 짊어지지도 못할
그리움만 뭉실하지

언제 불러도 성성한 바다
올레를 붙들고
또 올레

외기러기

잘못 살아온 행위보다
잘 참아온 행간에서
침묵하는 전략일수록 우아하다

더운 입김으로
긴긴 외로움과 그리움을 발라 내리고
기다림의 잔재주를 익힌다는 것
쉽지 않는 고행이리라

어차피 숨 쉬는 영혼은
숨을 빼앗길 때까지 혼자인 것을

한결 가벼운 비행으로
정결한 인연들과 교신하면서
흉악한 매의 발톱을 살피라

잔챙이와는 섞이지 말라

반전

여차하면 열리는 하늘의 빗장

똑똑한 호외들은
거세당해야 될 사설과
제왕의 파이프라인을 감추느라
일제히 격을 거두고 격정을 선포하지만
새하얀 총성은
지상에서 쏘아올린 애절한 상소

본시 우주의 특화상품이다

外家

기적소리를 쫓던 기찻길마냥 지난날의 무성영화
어릿한 4H구락부 주변의 미쁜 수채화, 따끈한 인정들이 들락거렸던
광산군 대촌면 칠석리 상촌부락, 유년의 뒤란이여

트랜지스터 통에서 찌걱거리던 불후의 트로트, 모나미 볼펜으로 노랫말깨나 흥얼거렸던
대청마루 구석구석에는 외할머니께서 챙겨주시던 곶감이며 식혜며 갖은 먹거리가 대기 중
풀 베고 잠자리 쫓던 과수원 길에 함박눈이 쌓이면
봉초를 빨던 사랑방의 짝패들은 세경을 털리고, 발 시린 아스팔트길로 상경했다가
명절에는 어김없이 동대문시장 때때옷 뭉치들 손과 손에 들고 은행나무 골 정자 앞에 헤쳐 모였던
한마당 축제, 지켜보던 소년은 청년이 되고 장년이 되고.

여름밤의 하모니카소리 담벼락을 넘던 계절, 선풍기바람 앞에서 승천하신 박복한 어른 한 분 계셨으니
이제는 애정도 애증도 희미해진 다큐 속의 판타지, 이렇듯 세상 인연이란 잊으라는 정이다

방학일기에서 사라진 외할머니의 하얀 머릿결, 남평 장날에 염색하고 비녀를 꼽았는데
수족 한번 주물러드리지 못한 아쉬움은 평생의 죄인처럼 남고
귀동냥으로 그리웠던 외할아버지
광주학생운동하시다가 사변 이후 생사조차 막막하신 채
학생운동기념관 안에 중학시절의 까까머리 사진 한 장 남기셨으니
반백 외손자와의 만남이란 어색하고 무상하여
통나무 대궐집에 거미줄 감긴 앵두나무도 이제는 지나가야 할
남의 집

그 시절 주연으로 다가가는 생의 연출에
먹먹한 그리움이여!

바다의 언덕

바다는 제 속을 보여주지 않는다
태풍과 해일의 폭력에도
물러서거나 뒤집히지 않는다
그러나 온 몸이 짜디짠 눈물이지만
그 깊은 속을 드러내지 않는 곳에
제 키와 무게가 누르는 부력의 끝자리에
심장 같은 언덕이 있다

사색의 염기가 사라지지 않는 한
푸른 핏줄과 힘줄은 꿈틀댈 것인데
생명을 키워 육지로 보냈듯이
바닷속 가장 깊은 곳에
생명의 기원, 언덕이
한정없이 베푸는 공양
그저 푸른 바다만 바라보아도
이 세상 근심 걱정은 썰물이 된다.

다 봤다

5월의 푸짐한 햇살
광산구 쌍암공원 외국인단체 문화행사에
기웃거리다
오천 원짜리 청바지 두 장을 쓸어 담고
'심봤다'

아파트 상가 세탁소에서 치수 좀 고치는데
재봉질 슬렁슬렁 서너 번 돌리고
만 원짜리 한 장 쉽게 청해서
기분 나쁠 뻔 했지만

산뜻한 월요일 아침
구멍 뚫린 거리의 리바이스와
날라리 같은 Lee와 리복과
싸구려 중국산 청바지까지
북적거리는 가랑이들
다 봤다

더 봤다!

굴참나무 숲에서

시드니대학 캠퍼스

의젓한 수재들의 수다가
엽전을 꼭 쥔 낭만이거나
엽기적 유전자가 아니기를

낯선 우표 같은 부침에서
청춘과 악수하고
청춘으로 날아가면서
네 맘대로 주워가라는 굴참나무 열매도
내 뜻대로 가져올 수는 없었지

나는 보름달의 머리카락을 깎지 않았습니다

유년의 창가에서 너의 젖꼭지를 쪽쪽 빨아댔었지
온갖 성화를 치켜세운 지상의 눈빛들이 야잔하여
나에게 넓은 가슴을 포개던 시절로부터
먼 여행길에서 너를 존재로 품어야했을 때
혹자는 내가 너를 섬기는 우주이발소의 깎사라며 구시렁거렸지만
내 팔이 그렇게까지 길지는 못하잖니
보잘 것 없는 나에게 수고로운 기운과 얼마나 온유한 품성을 품어 주었는지
너로 인해 고고한 영혼과 교신하며 넓은 가슴팍을 채워왔기로
행여 너와 나를 메치는 사이렌소리가 징징거린다 해도
우리는 지상에서 가장 아름다운 발광으로
영영 갈라지지 않는 오작교를 건축할 것이다

종점에도 종점은 없다네

어디에서 왔든지 어디로 갈 건지
시작은 늘 미세한 종자

걸어가는 길 보다 뛰어가는 바퀴가
분명 가까웠지만
종마도 천천히 돌아오고
명마는 주구장창 뛰어다녀도
오가는 말조차 씨가 되는
생사화복과 희로애락의 장터에서
화투판의 낙장불입과
장기판의 일수불퇴까지도
거기서부터 출발이고
금테를 둘렀다는 예쁜 시악시도
책임지겠다던 백과사전까지도
시작의 페이지였을 뿐

종말까지
종점은 작은 정류장이지

팔월의 밤

소심한 거죽하나 달랑 벗으면
더 벗어줄 것도
벗길 것도 없는
볼썽사나운 허상이거늘
제 멋대로 명당을 파는 열대야

해 지는 골목까지 멱살을 부여잡고
육수를 뽑아내면서
카랑카랑한 논조로
몇 십 년 만의 팔월이라고 쪼아대지만

그래봐야
팔월의 성화는 팔월의 임무까지
태양의 굴뚝이라도 구월이면 꺾일 것이니
스쳐 지나가는 팔월도 연인처럼
진하게 땀 내주고 가을을 기다리는 것도
자연친화적 조화라고
했다가도
팔월 생인 내가 팔월에게 건네느니

참, 지독한 팔월이구만

자유와 사랑의 낭만지대

내 인생의 터닝 포인트는 여행이다

혹자는 여행을'길 위의 학교'라 했지만
나는'자유와 사랑의 낭만지대'라고 엄청 들이댔다가
어찌어찌 해서 귀곡산장에 갇혀야 했던
열혈여행의 상처까지도
소중한 추억에서
여행예찬론자라고 해서 말띠 생은 아니지

몇 년 전
'신들의 섬'세부로 가족여행을 갔는데
에메랄드 칠색바다 노을빛 앞에서 긍정에너지를 무한 살포했던
수영복차림의 크리스마스이브
거기에는 비틀즈와 비지스가, 롤링스톤스와 에릭크랩톤이 열광했고
멜라니사프카와 폴 사이먼도 존 덴버와 진지했으니

방황이 아닌 방랑이라면
가려있어도 온전히 기댈 수 있는 곳
우주의 여행자로 나설 때까지
지금 지구촌은 나의 여행지

정남진

정남진
천혜의 연둣빛 로고에
천관산의 억새와 제암산의 철쭉과
먹거리 살거리 볼거리가
퍽이나 너를 아껴왔는데

아, 남쪽바다 마지막 순결이여
누룩 걸고 단술 익히고
호박죽에 생김치 나누던 인정까지
슬금슬금 사라지는 정남진

미향이 가슴을 열어
대해를 맞이하면
한여름 밤
정 남쪽의 바다 위로
초록별 밝히던
정남진

개벽의 역사란
개밥그릇처럼 그렇게 북적거리면서
약진하는 것이다

생명이라는 또 하나의 이름으로

건강한 작명이다
저승사자도 두려울 바 없는 건강원

줄줄이 붙들려온 생체들의 아이슈비치 수용소처럼
백일보충대처럼 냉동의 서열대로
수백도 찜통 앞에서
철모 벗고 요단강으로 진군해야 할 몸서리라니

미안하다

응보의 법칙이란 멀고도 멀어서
나도 한때는 몸보신 봉지 쥐고 쪽쪽 빨아댔으니

신세진 동물과 침묵했던 산내들이여
나도 죽거든
기꺼이 나를 나누라
나눠 마시라

고등동물의 담백한 속죄를 용서한다면
우리사이는 해피엔딩!

자작나무 눈길 따라

회색깃발을 휘젓는 노숙 앞에서
노숙자로 들어섰을 때
꽈배기처럼 꼬여있던 영하의 표적들은
폭신한 아랫목을 깔아주었지
아무나 들어서지 못하는
기발한 성지에는
거만한 언어가 없었고
오만가지 존재감이 거드름을 펴도
기척하지 않는
신성

상형문자 같은 무늬로
라벨을 바꾼
새 세상의 과제들이
스쳐 지나간 탄식을 들려주면서
허옇게 말라붙은 미소로
내 안의 작은 나를 꺼내주던 날
나는 동방의 예법으로
태양보다 따뜻한 다락방이었노라
사랑의 잔 가득 채웠지

■ 후기

세상사 대본에서 한때는 주연이고 조연이자 엑스트라였던 내가
동시대 인연들과 즐겁게 살아가야 할 분명한 이유만으로
'내가 나였으면 좋겠다'라는 카피와
'너도 너였으면 좋겠다'는 착한 은유로
나에게 엄정 닥달해 왔으니

오목조목 나를 열어서
행복해야할 우리를 탐해주시길 …….

유정의 찻잔 앞에서　이 국 환

이국환 시집
내가 나였으면 좋겠다

2015년 5월 10일 인쇄
2015년 5월 15일 발행

지은이 | 이 국 환
펴낸이 | 강 경 호
기획 · 인쇄 | (주)시와사람
등 록 | 1994년 6월 10일 제 05-01-0155호
주 소 | 광주시 동구 백서로 125번길 32-5 (금동 3-1)
전 화 | (062)224-5319
팩 스 | (062)225-5319
E-mail | jcapoet@hanmail.net

ISBN 978-89-5665-423-2 03810

값 10,000원

공급처 ■ 한국출판협동조합
경기도 파주시 탄현면 오금리 202번지
주문전화 (02)716-5616, 070-7119-1740